I COLORI DELLA CUCINA

MELE & PERE

COVER

Torta sbrisolona alle mele
Foto e styling di Maricruz Avalos Flores

SOMMARIO

A COLPO D'OCCHIO

PER INIZIARE (O PER FINIRE)

CHE PRIMI!

SECONDI E CONTORNI

TORTE...

...E ALTRE DOLCEZZE

LEGENDA

(orologio)	minuti	*tempo di preparazione ed eventuale riposo*
(pentola)	minuti	*tempo di cottura*

7 MELE…

Fuji
Creata in Giappone negli anni Trenta, ha forma tondeggiante e un colore che va dal rosa tenue al rosso scuro, leggermente striato su fondo giallo-verde. La polpa, compatta e succosa, ha un sapore molto dolce.

Gala
Di piccole-medie dimensioni, con forma rotonda, lievemente conica, ha buccia liscia, sottile, di colore rosso con leggere striature verticali verdi o giallo-verde. La polpa soda, croccante e leggermente granulosa, è dolce e succosa.

Golden delicious
Di origine americana, ha buccia sottile giallo intenso. La polpa è compatta, croccante e succosa. Leggermente acidula, è molto aromatica, con un buon tenore zuccherino.

Granny smith
Conosciuta anche come "mela verde", è caratterizzata da una buccia spessa di colore verde intenso (appunto). La polpa, compatta e croccante, è molto succosa e dal gusto acidulo.

Morgenduft
Di media pezzatura, ha colore rosso con striature verdi. La polpa, bianco crema all'aspetto, è fine e compatta. Il sapore è fresco e leggermente acidulo.

Pink lady
Varietà brevettata e registrata in Australia, ha colore rosa su sfondo giallo-verde. Caratterizzata da una polpa bianca croccante e succosa, ha un sapore dolce con una punta piacevolmente acidula dall'aroma di fragola di bosco e di vaniglia.

Renetta
Non troppo grande, ha buccia ruvida al tatto di colore verde punteggiata di ruggine, ma tendente al giallo a maturazione. La polpa, carnosa, è leggermente aspra al gusto.

...E 7 PERE

Abate

È una delle pere più famose e apprezzate. Caratterizzata da buccia verde-giallastra, ha polpa bianca a grana grossa, molto succosa e aromatica e dal sapore decisamente zuccherino.

Conference

Di medie dimensioni, ha forma piuttosto allungata. Di colore verde-giallo (a volte rugginoso), con lenticelle marcate a maturità, ha polpa color avorio, molto succosa. Dolce, aromatica e poco acidula, ha un gusto gradevolissimo.

Coscia

Cultivar tipicamente italiana, ha buccia verde che vira al giallo a piena maturazione. Sottile e di dimensioni medio-piccole, ha polpa bianca, dolce e granulosa.

Decana

Caratterizzata da una forma piuttosto tozza, ha buccia di colore giallo-verde, venata di rosso e con numerose lenticelle. Ha polpa bianca e compatta, succosa e dal sapore dolce-acidulo.

Kaiser

Varietà autunno-invernale, di media pezzatura, ha buccia rugginosa su sottofondo giallo e con numerose lenticelle. La polpa, di colore bianco-giallastra, è croccante e consistente. Leggermente granulosa, ha sapore dolce-acidulo, aromatico.

William

Disponibile sul mercato da agosto a novembre, ha forma tozza e buccia verde chiaro con presenza di lenticelle. La polpa, bianca, è succosa e fondente, zuccherina e aromatica.

William rossa

Cultivar derivata dalla william, ha buccia liscia, giallastra ma screziata di rosso. La polpa, compatta e di color avorio, ha sapore dolce-acidulo con aroma moscato, ed è particolarmente succosa.

PER INIZIARE (O PER FINIRE)

MELE AL FOIE GRAS
E GORGONZOLA AL COGNAC

30 minuti

15 minuti

INGREDIENTI
per 4 persone

- **2 mele pink lady**
- **200 g di foie gras in un pezzo unico**
- **200 g di gorgonzola piccante**
- **1/2 bicchierino di cognac**
- **50 g di soncino**
- **burro**
- **olio extravergine di oliva**
- **aceto balsamico**
- **sale e pepe**

1 Lavate e asciugate le mele, senza sbucciarle. Tagliatele a fette spesse circa 1 cm in senso orizzontale e fatele rosolare in una padella con una noce di burro per pochi minuti. Trasferite le fette in una teglia foderata con carta forno, infornate a 180 °C per 5 minuti, levate e tenete da parte.

2 Tagliate il foie gras a fette spesse e fatele saltare in una padella antiaderente per pochi secondi, su entrambi i lati. Condite con sale e pepe e levate. Tagliate a pezzi il gorgonzola. Raccoglietelo in una ciotola, bagnate con il cognac e lavoratelo con un cucchiaio di legno per ammorbidirlo.

3 Ricostruite le mele, sovrapponendo le fette e farcendole a strati alternati con il foie gras e la crema di gorgonzola. Adagiatele sulla placca foderata con carta forno, mettete in forno a 180 °C e fate cuocere per 5 minuti. Levatele, pulitele con un foglio di carta assorbente da cucina, tagliatele a metà in senso verticale e servitele con accanto un ciuffo di soncino, condito con olio, sale e aceto balsamico.

MOUSSE
DI FORMAGGIO E PERE

25 minuti

INGREDIENTI
per 4-6 persone

- 5 pere coscia
- 250 g di robiola
- 250 g di mascarpone
- 1 dl di panna
- qualche gheriglio di noce
- miele di acacia
- sale e pepe nero

1 Raccogliete in una ciotola capiente la robiola, il mascarpone e la panna, e lavorate con un cucchiaio di legno; condite con un pizzico di sale, profumate con una macinata di pepe e trasferite il tutto in un sac à poche.

2 Sbucciate 4 pere, eliminate il torsolo, fatele a dadini e distribuiteli nelle coppette individuali di vetro. Versate sopra la crema al formaggio, guarnite con un filo di miele e 1 gheriglio di noce. Lavate la pera rimanente, eliminate il torsolo e tagliatela a spicchi, senza eliminare la buccia. Decorate con uno spicchio di pera, portate in tavola e servite.

MOSTARDA DI MELE E PERE

20 minuti + riposo

60 minuti

INGREDIENTI per 4 persone

- **5-6 pere a polpa soda**
- **5-6 mele non mature**
- **800 g di zucchero**
- **2 limoni**
- **essenza di senape**
- **formaggi assortiti (taleggio, gorgonzola, bitto, salva cremasco)**

vi servono inoltre

- **2-3 vasetti di vetro sterilizzati**

1 Lavate e sbucciate le pere e le mele. Dividetele in quattro ed eliminate il torsolo. Raccoglietele in una ciotola capiente e ricoprite con lo zucchero. Unite il succo dei limoni e mescolate. Coprite con la pellicola trasparente e ponete in frigorifero a riposare.

2 Il giorno successivo scolate la frutta dal suo liquido e tenetela da parte. Raccogliete il liquido in una casseruola di acciaio, portate a bollore e infine spegnete. A questo punto versate lo sciroppo sulla frutta e ripetete questa operazione anche nei 3 giorni successivi (se lo sciroppo fosse poco, potete sciogliere 400 g di zucchero in 1/2 l di acqua, lasciando bollire il tutto a fuoco medio per 30 minuti circa).

3 Il quarto giorno raccogliete lo sciroppo in una casseruola, fatelo scaldare, aggiungete la frutta e fate cuocere. Quando inizierà a sobbollire, abbassate la fiamma e proseguite a fuoco dolcissimo, fino a che la frutta non diventa trasparente. Spegnete il fuoco e lasciate intiepidire.

4 Inserite 5 gocce di essenza di senape nei vasetti di vetro sterilizzati. Aggiungete la frutta e riempite per metà. Unite altre 5 gocce di essenza di senape e completate con la frutta rimanente. Chiudete e fate riposare per qualche giorno prima di consumare. Al momento di servire, distribuitela in coppette individuali e accompagnatela con assaggi di formaggi assortiti.

TERRINA DI FORMAGGIO DI CAPRA PERE E NOCCIOLE

40 minuti + riposo

15 minuti

INGREDIENTI per 4 persone

- 3 pere a polpa soda
- 400 g di formaggio di capra fresco
- 25 ml di panna
- 10 g di colla di pesce in fogli
- 1/2 bicchiere di passito
- 150 g di granella di nocciole
- burro
- sale e pepe

1 Lasciate ammorbidire a temperatura ambiente 100 g di burro, quindi lavoratelo con la granella di nocciole. Foderate con un foglio di alluminio uno stampo da plumcake, disponete sul fondo il composto di burro e nocciole e mettete in frigo. Lavorate il formaggio in una terrina, profumate con una macinata di pepe e regolate di sale.

2 Scaldate la panna e aggiungete la colla di pesce, fatta ammollare in acqua e poi strizzata. Unite la panna al formaggio, mescolando. Sbucciate, mondate e tagliate a spicchi sottili le pere. Portate a bollore 2 bicchieri di acqua, unite il passito e lessate gli spicchi di pera per 15 minuti, poi scolateli e lasciateli raffreddare.

3 Togliete lo stampo dal frigorifero, ricoprite il fondo di nocciole con metà del composto di formaggio e lasciate rapprendere in frigo per circa 30 minuti.

4 Trascorso il tempo, disponete gli spicchi di pera, coprite con il rimanente composto e rimettete in frigo. Poco prima di servire immergete lo stampo in acqua calda, sformate la terrina e servitela.

CHE **PRIMI!**

RISOTTO DEL POVR'OM
(RISOTTO DELLA POVERA GENTE)

15 minuti

35 minuti

INGREDIENTI
per 2 persone

- 150 g di riso
- 2 pere madernassa
- 1/2 cipolla
- 100 g di gorgonzola
- 5-6 gherigli di noce
- burro
- olio extravergine di oliva
- sale

1 Sbucciate la cipolla e tritatela finemente. Sciacquate le pere sotto l'acqua corrente; tenetene da parte una, sbucciate l'altra e tagliate la polpa a dadini. Scaldate un filo di olio in una casseruola capiente, raccogliete la cipolla tritata e la dadolata di pera e fate soffriggere.

2 Aggiungete il riso e fatelo tostare per un paio di minuti, mescolando. Bagnate con 1 mestolo di acqua calda bollente leggermente salata e proseguite la cottura del risotto, aggiungendo altra acqua bollente man mano che viene assorbita.

3 Al termine, levate, unite il gorgonzola a dadini e una noce di burro, aggiungete i gherigli di noce, spezzettati grossolanamente, mantecate e lasciate riposare per 1 minuto. Intanto tagliate a fettine sottili la pera rimasta. Trasferite il risotto in un piatto da portata, guarnite con le fettine di pera e servite.

RISOTTO ALLE MELE VERDI E CAPRINO

25 minuti

35 minuti

INGREDIENTI
per 6 persone

- 480 g di riso
- 3-4 mele granny smith
- 1 bicchierino di calvados
- 1 cipolla
- 60 g di caprino
- brodo vegetale
- succo di limone
- zucchero di canna
- burro
- sale e pepe

1 Lavate le mele, asciugatele e sbucciatene 1 e 1/2. Versate il brodo in una casseruola, portate a bollore, unite le bucce di mela e lasciate insaporire per qualche minuto. Poi filtrate il brodo.

2 Tagliate la polpa della mela e mezza a dadini, raccogliete la dadolata in una ciotola, unite 1/2 cucchiaino di zucchero di canna, bagnate con un po' di succo di limone, mescolate e tenete da parte.

3 Affettate sottilmente la mezza mela con la buccia, disponete le fette in un piattino, bagnatele con succo di limone, coprite con pellicola trasparente e mettete in frigo.

4 Scaldate una noce di burro in una casseruola, unite la cipolla, affettata sottilmente, e fate stufare per 2 minuti a fuoco dolce con 2 cucchiai di acqua calda. Unite il riso, alzate la fiamma e tostatelo per 2 minuti. Irrorate con il calvados e fate sfumare.

5 Bagnate con 2 mestoli di brodo bollente, salate, e proseguite la cottura del risotto, aggiungendo altro brodo man mano che viene assorbito. Poco prima del termine (5-6 minuti), aggiungete la dadolata di mela. Al termine, levate dal fuoco, unite il caprino e una noce di burro e mantecate.

6 Trasferite il riso in un piatto da portata ovale e fondo. Infilate a corona le fettine di mela con la buccia. Profumate con una macinata abbondante di pepe e portate in tavola.

TIMBALLINI DI RISO
CON CUORE CALDO AL TALEGGIO E DADINI DI PERA

25 minuti	50 minuti

INGREDIENTI
per 4 persone

- **400 g di riso**
- **2 scalogni**
- **100 g di taleggio**
- **1 pera**
- **vino bianco**
- **brodo vegetale**
- **parmigiano grattugiato**
- **pangrattato**
- **burro**

1 Affettate gli scalogni e fateli appassire in una casseruola con 30 g di burro. Versate il riso e tostatelo per un paio di minuti, bagnate con il vino e fate sfumare.

2 Unite 1 mestolo di brodo bollente e fate cuocere il risotto al dente, aggiungendo altro brodo man mano che viene assorbito. Al termine, spegnete il fuoco e mantecate con una noce di burro e una spolverizzata di parmigiano.

3 Imburrate gli stampini individuali e spolverizzateli con un po' di pangrattato. Sbucciate la pera e fatela a dadini. Tagliate a dadini anche il taleggio.

4 Distribuite il risotto in 4 stampini individuali, riempiendoli fino a 2/3. Create una sorta di incavo al centro del riso, aggiungete qualche dadino di formaggio e di pera e ricoprite fino al bordo di ogni stampino con il risotto rimasto. Infine completate con un fiocchettino di burro.

5 Infornate gli stampini a 190 °C e fate cuocere per 20-25 minuti. Trascorso il tempo, levate e lasciate raffreddare per qualche minuto. Sformate gli stampini nei piattini individuali, portate in tavola e servite.

GNOCCHI DI POLENTA
CON PERE E GORGONZOLA

20 minuti

20 minuti

INGREDIENTI
per 4 persone

- 1 pera william
- 150 g di polenta di mais già pronta
- 75 g di farina
- 20 g di parmigiano grattugiato
- 1 tuorlo
- 1/2 spicchio di aglio
- 1 dl di latte
- 200 g di gorgonzola
- noce moscata
- burro
- olio extravergine di oliva
- sale e pepe

1 Preparate un soffritto di olio e aglio. Raccogliete nel mixer la polenta tagliata a pezzi, il tuorlo, la farina, il parmigiano e il soffritto. Aggiustate di sale, profumate con una macinata di pepe e frullate. Lavorate l'impasto con le mani, realizzate dei filoncini, tagliateli a pezzi piccoli e regolari e passateli sui rebbi di una forchetta.

2 Versate il latte in una casseruola, unite il gorgonzola a pezzetti e fatelo fondere a fuoco dolce, mescolando con un cucchiaio di legno. Al termine profumate con una grattugiata di noce moscata e tenete da parte in caldo.

3 Sbucciate la pera, tagliate la polpa a dadini e fateli saltare in una padella con una noce di burro. Lessate gli gnocchi in abbondante acqua bollente leggermente salata. Appena vengono a galla, scolateli nella padella con la dadolata di pera e fateli saltare per 1 minuto. Conditeli con la salsa al gorgonzola e servite.

GNOCCHI ALLA PERA
CON NOCI E ROQUEFORT

30 minuti

45 minuti

INGREDIENTI
per 2 persone

- **1 pera kaiser o decana**
- **250 g di patate**
- **100 g di farina**
- **30 g di pecorino grattugiato**
- **1 rametto di salvia**
- **30-40 g di gherigli di noce**
- **50 g di roquefort**
- **burro**
- **cannella in polvere**
- **sale**

1 Lessate le patate per 30 minuti a partire dal bollore. Mentre le patate sono in cottura, sbucciate la pera, eliminate il torsolo e cuocetela a vapore, quindi passatela in un passaverdura.

2 Scolate le patate, sbucciatele e passatele allo schiacciapatate, raccogliendo il passato in una ciotola. Unite il passato di pera, la farina, il pecorino, un pizzico di sale e uno di cannella, e lavorate fino a ottenere un impasto omogeneo. Formate tanti filoncini, tagliateli a tocchetti e rigateli con i rebbi di una forchetta per ottenere i classici gnocchi.

3 Fate fondere 50 g di burro in una padella con la salvia. Lessate gli gnocchi in abbondante acqua bollente leggermente salata. Appena vengono a galla, scolateli, versateli nella padella con il burro e fateli saltare a fuoco vivace per 1 minuto. Distribuite gli gnocchi nei piatti individuali, cospargeteli con i gherigli, tritati grossolanamente, e con il roquefort, sbriciolato, e servite.

RAVIOLI RIPIENI
ALLA PERA RICOTTA E MASCARPONE

45 minuti + riposo

25 minuti

INGREDIENTI
per 4 persone

- 1 pera kaiser
- 320 g di farina (più farina per la spianatoia)
- 3 uova
- 200 g di ricotta
- 100 g di mascarpone
- 100 g di parmigiano grattugiato
- 1 dl di latte
- 100 g di taleggio
- qualche fogliolina di maggiorana
- burro
- olio extravergine di oliva
- sale e pepe

1 Setacciate 300 g di farina sulla spianatoia, fate la classica fontana e unite al centro le uova, leggermente sbattute. Aggiungete 1 cucchiaio di olio e un pizzico di sale e lavorate fino a ottenere un impasto liscio. Dategli forma di palla, avvolgetelo con un canovaccio e lasciatelo riposare per una mezz'ora.

2 Nel frattempo sbucciate la pera e tagliate la polpa a dadini. Lavorate la ricotta con il mascarpone e metà parmigiano, regolate di sale e pepe e aggiungete la dadolata di pera.

3 Stendete l'impasto in una sfoglia sottile e ritagliate tanti dischi con un coppapasta. Distribuite su ogni disco un po' del ripieno preparato, piegateli a mezzaluna e sigillate i ravioli. Quindi, lasciateli riposare ben distanziati sulla spianatoia infarinata.

4 Fate fondere 30 g di burro in una casseruola. Aggiungete la farina rimasta e il latte, mescolate e portate a bollore. Unite il taleggio a pezzetti e il parmigiano rimasto, regolate di sale, pepate e fate cuocere fino a ottenere una salsa cremosa.

5 Lessate i ravioli in abbondante acqua bollente, leggermente salata. Appena salgono a galla, scolateli, conditeli con la salsa al taleggio e serviteli, decorandoli con qualche fogliolina di maggiorana.

TORTELLONI ALLE PERE
CON BURRO ALLO ZAFFERANO E SEMI DI PAPAVERO

50 minuti + riposo

5 minuti

INGREDIENTI
per 4 persone

- **2 pere abate**
- **400 g di farina (più farina per la spianatoia)**
- **4 uova**
- **250 g di ricotta di pecora**
- **40 g di pecorino grattugiato**
- **1 bustina di zafferano**
- **semi di papavero**
- **burro**
- **noce moscata**
- **sale e pepe**

1 Setacciate la farina sulla spianatoia, fate la classica fontana, unite al centro le uova e lavorate fino a ottenere un impasto elastico e omogeneo. Dategli forma di palla, avvolgetelo con la pellicola per alimenti e lasciatelo riposare per circa 30 minuti.

2 Sbucciate le pere, tagliate la polpa a dadini e frullatela. Incorporate la ricotta e il pecorino, condite con un pizzico di sale, profumate con una macinata di pepe e una grattugiata di noce moscata e amalgamate.

3 Stendete la pasta in una sfoglia sottile e ricavate tanti quadrati abbastanza grossi. Distribuite il ripieno al centro di ogni quadrato, piegate i quadrati a triangolo, premete attorno al ripieno e sigillate i bordi. Quindi confezionate i tortelloni: per farlo, avvolgete ogni triangolo attorno all'indice della mano sinistra, dopodiché chiudetelo premendo con il pollice.

4 Lasciate riposare i tortelloni su un piano leggermente infarinato per un paio d'ore. Trascorso il tempo, lessateli in abbondante acqua bollente leggermente salata. Scolateli appena vengono a galla, conditeli con 50 g di burro, fuso, in cui avrete stemperato lo zafferano, e serviteli spolverizzati con semi di papavero.

FAGOTTINI DI CRÊPES
AL BRIE IN SALSA DI PERE

35 minuti + riposo

30 minuti

INGREDIENTI
per 4 persone

per le crêpes
- 130 g di farina
- 3 uova
- 3 dl di latte
- burro

per il ripieno
- 400 g di brie
- 40 g di gherigli di noce già pelati e tritati

per la salsa
- 2 pere william
- 1 scalogno
- miele di castagno
- olio extravergine di oliva
- 1 ciuffo di rosmarino

vi servono inoltre
- qualche stelo di erba cipollina
- burro
- parmigiano grattugiato

1 Sbattete le uova in una ciotola con una frusta. Unite la farina, setacciata, 1 dl di latte e lavorate fino a ottenere un composto liscio e omogeneo. Aggiungete il latte rimasto e 20 g di burro fuso, amalgamate e lasciate riposare, coperto, per almeno 30 minuti.

2 Imburrate leggermente un padellino per la cottura delle crêpes, versateci un mestolino di pastella e roteate il padellino per distribuirla uniformemente. Fate cuocere la crêpe da entrambe le parti. Una volta pronta trasferitela su un piatto. Continuate così fino a esaurire la pastella.

3 Eliminate la crosta del brie, tagliatelo a pezzettini e raccogliete tutto in una ciotola. Unite i gherigli di noce tritati e amalgamate con un cucchiaio di legno fino a ottenere un composto omogeneo.

4 Distribuite il composto al centro di ogni crêpe. Chiudete le crêpes a fagottino, legandole con uno stelo di erba cipollina, e bagnatele con abbondante burro fuso. Spolverizzate con il parmigiano grattugiato, infornate a 200 °C e fate gratinare.

5 Mentre i fagottini sono in forno, preparate la salsa: fate appassire lo scalogno tritato in una padella con 1 cucchiaio di olio extravergine di oliva; unite le pere, sbucciate e tagliate a dadini, profumate con gli aghi di rosmarino, tritati, e fate cuocere per qualche minuto. Bagnate con 1 dl di acqua e proseguite la cottura per fare asciugare. Stemperate 1 cucchiaio di miele nella salsa, frullate tutto e filtrate. Distribuite i fagottini nei piatti individuali velati con la salsa calda e servite.

SECONDI
E CONTORNI

FILETTO DI MAIALE CON PERE E COMPOSTA DI CIPOLLE

25 minuti

35 minuti

INGREDIENTI
per 6 persone

- **2 filetti di maiale da circa 500 g l'uno**
- **2 pere a polpa soda**
- **2-3 cipolle**
- **30 g di zucchero**
- **1 peperoncino**
- **1/2 spicchio di aglio**
- **1 rametto di salvia**
- **qualche foglia di rosmarino**
- **vino rosso**
- **aceto di vino bianco**
- **burro**
- **sale grosso**
- **sale e pepe**

1 Affettate sottilmente le cipolle e raccoglietele in un tegame con una noce di burro, 1 cucchiaio di aceto, lo zucchero, il peperoncino e un pizzico di sale e lasciate cuocere per circa mezz'ora, fino a ottenere una sorta di composta.

2 Intanto, pulite e sbucciate le pere, tagliatele a spicchi e raccoglieteli in una casseruola. Bagnate con 2 dl di vino rosso, mettete sul fuoco e fate cuocere per una decina di minuti. Poi levate, scolate le pere, filtrate il liquido di cottura e tenete tutto da parte.

3 Tritate insieme l'aglio, la salvia, il rosmarino, una presa di sale grosso e qualche grano di pepe. Massaggiate i filetti con questa miscela, quindi fateli rosolare per pochi minuti a fuoco vivace in una padella con una noce di burro. Spegnete, incoperchiate e lasciate riposare per una decina di minuti.

4 Trascorso il tempo, trasferite i filetti su un tagliere di legno e teneteli da parte. Versate nella padella il liquido di cottura delle pere, rimettete sul fuoco e fate restringere per 1 minuto. Levate e filtrate tutto.

5 Servite la carne a fette, con le pere saltate, tagliate a fettine sottili, e con la composta di cipolle, irrorando tutto con la salsina preparata.

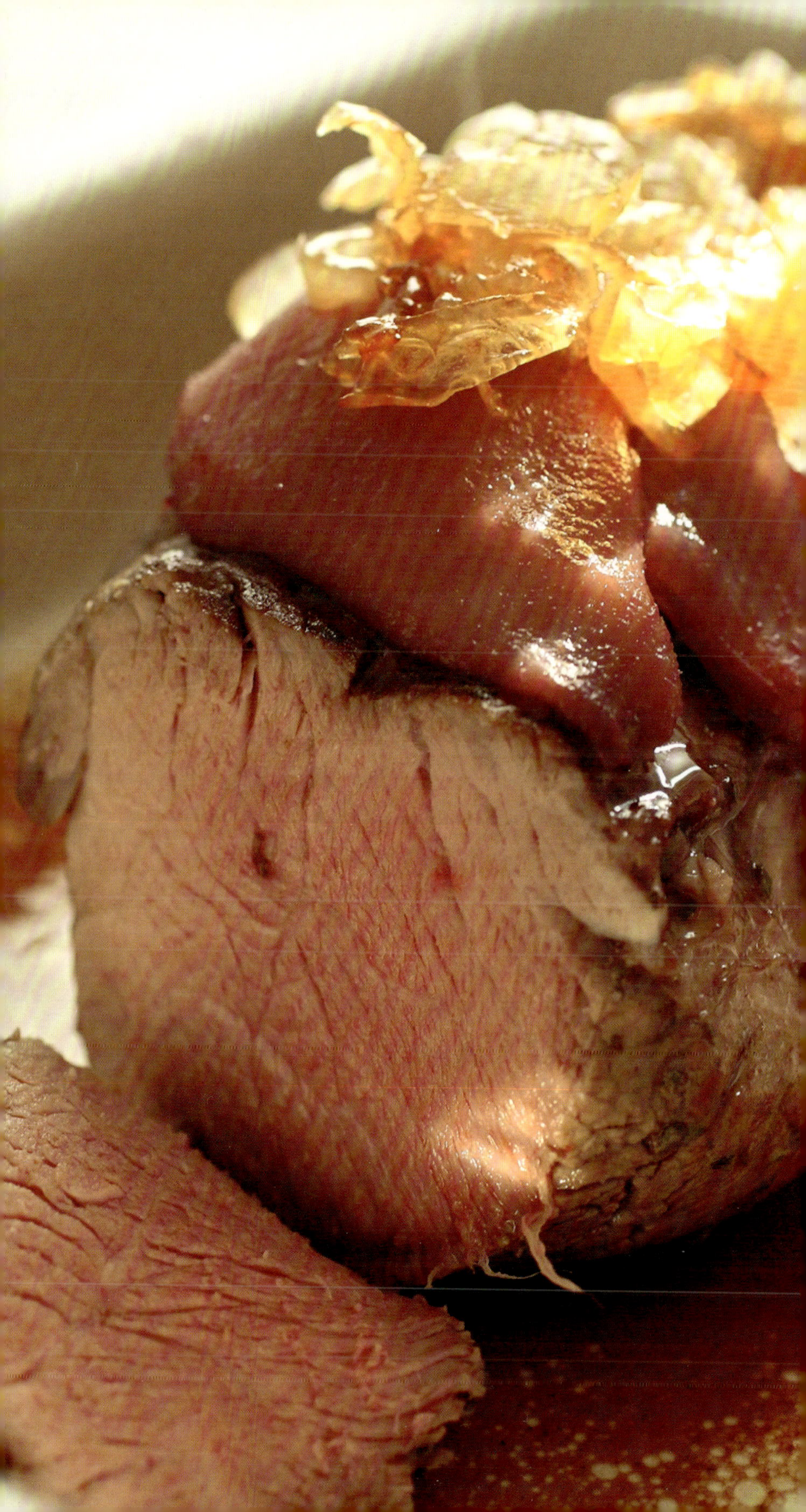

TERRINA DI MAIALE
MELA E PRUGNE

30 minuti + riposo

45 minuti

INGREDIENTI
per 6 persone

- 700 g di polpa di maiale magra
- 250 g di pancetta di maiale fresca
- 150 g di lardo a fette
- 1 mela renetta o golden delicious
- 100 g di prugne secche
- 2 dl di panna
- 1 bicchierino di cognac
- spezie miste
- sale e pepe

1 Con un tritacarne a fori grossi tritate la polpa e la pancetta di maiale e raccogliete tutto in una ciotola. Unite la panna, il cognac, le spezie, il sale e il pepe, e mescolate. Foderate con un foglio di carta di alluminio uno stampo da plumcake, rivestite con le fette di lardo e distribuite all'interno metà impasto.

2 Tagliate a fettine le prugne e distribuitele ordinatamente, realizzando una fila centrale. Lavate la mela, eliminate il torsolo, tagliatela a tocchetti e disponeteli lateralmente.

3 Coprite con l'altra metà dell'impasto, richiudete il tutto con le fette di lardo rimanenti e sigillate con un altro foglio di carta di alluminio. Fate cuocere in forno già caldo a bagnomaria a 170 °C per 45 minuti.

4 Trascorso il tempo, sfornate la terrina e lasciatela raffreddare. Una volta fredda, trasferitela in frigo, con un peso che la schiacci leggermente. Lasciatela riposare per 1 giorno prima di servirla.

PRAGA IN SFOGLIA DI BRISÉE
CON MELE IN CASSERUOLA AL PROFUMO DI CREN

Preparazione	25 minuti
Cottura	60 minuti

INGREDIENTI
per 6 persone

- **1 kg di prosciutto di Praga in un pezzo unico**
- **600 g di pasta brisée**
- **100 g di senape di Digione**
- **1 uovo**
- **2 mele renette**
- **1 piccola radice di cren**
- **1 ciuffo di rosmarino**
- **burro**

1 Stendete la pasta brisée in una sfoglia non troppo sottile. Spalmate il prosciutto con la senape e profumatelo con qualche ago di rosmarino, sminuzzato.

2 Disponete il prosciutto al centro della sfoglia e avvolgetelo completamente, sovrapponendo bene i lembi e sigillandoli perfettamente. Ritagliate la pasta in eccesso e con i ritagli decorate la superficie della sfoglia secondo la vostra fantasia.

3 Spennellate con l'uovo sbattuto, disponete il prosciutto in crosta su una placca foderata con carta forno. Mettete in forno caldo a 180 °C e fate cuocere per circa un'ora.

4 Nel frattempo, preparate le mele. Sbucciatele, eliminate il torsolo e tagliatele a fette. Fate sciogliere una noce di burro in una piccola casseruola, unite le mele e fatele rosolare per qualche minuto, facendo attenzione che non si disfino.

5 Sfornate il prosciutto in crosta, tagliatelo a fette e servitelo con accanto le mele, spolverizzate con un po' di cren grattugiato.

STINCO DI VITELLO ARROSTO
CON MELE FICHI E UVA

Preparazione	20 minuti
Cottura	80 minuti

INGREDIENTI
per 4 persone

- **1 stinco di vitello con l'osso**
- **1 l di birra rossa**
- **100 g di zucchero**
- **4 mele renette**
- **500 g di uva bianca**
- **8 fichi**
- **2 cipolle**
- **aceto di mele**
- **burro**
- **olio extravergine di oliva**
- **sale e pepe**

1 Fate rosolare lo stinco di vitello in una casseruola con 50 g di burro e 2 cucchiai di olio. Bagnate la carne con metà della birra, regolate di sale, profumate con una macinata di pepe e proseguite la cottura a fuoco dolce per almeno 2 ore, bagnando di tanto in tanto con la birra rimasta.

2 Poco prima del termine di cottura della carne iniziate a preparare il condimento. Lavate e asciugate la frutta. Tagliate in quattro i fichi e le mele, senza sbucciarli.

3 Tritate le cipolle e fatele appassire in una casseruola con 1 cucchiaio di olio. Unite tutta la frutta, mescolate e lasciate insaporire per pochi minuti. Spruzzate con 4 cucchiai di aceto, spolverizzate con lo zucchero e proseguite la cottura finché quest'ultimo si sarà sciolto completamente.

4 Trasferite lo stinco, ormai pronto, in un piatto di servizio. Unite la frutta preparata al fondo di cottura della carne, mescolate e fate cuocere per 2-3 minuti. Al termine levate dal fuoco. Servite lo stinco tagliato a fette, accompagnandolo con la frutta preparata.

FARAONA GLASSATA
RIPIENA CON MELE RENETTE E UVETTA

30 minuti

70 minuti

INGREDIENTI
per 4 persone

- **1 faraona già eviscerata e disossata**
- **1 mela renetta**
- **50 g di uvetta**
- **1 salsiccia**
- **150 g di castagne già lessate e sbucciate**
- **7-8 fette di pancetta**
- **1 carota**
- **1 costa di sedano**
- **1 cipolla**
- **1 rametto di rosmarino, salvia e timo**
- **5 bacche di ginepro**
- **parmigiano grattugiato**
- **vino bianco**
- **olio extravergine di oliva**
- **sale e pepe**

1 Fate ammollare l'uvetta in un po' di acqua tiepida, poi scolatela e strizzzatela. Spellate e sgranate la salsiccia; sbucciate la mela e tagliate la polpa a dadini; tagliate grossolanamente le castagne. Raccogliete tutto in una ciotola capiente, unite 40 g di parmigiano e mescolate.

2 Lavate la faraona, apritela, stendendola per bene, e conditela con un pizzico di sale e una macinata di pepe. Farcitela con il ripieno preparato, arrotolatela, avvolgetela con le fette di pancetta e legatela con spago da cucina.

3 Mondate e tagliate a pezzetti il sedano, la carota e la cipolla. Raccoglieteli in una teglia con 2-3 cucchiai di olio, mettete sul fuoco e lasciate insaporire per un paio di minuti. Unite la faraona e fatela rosolare in modo uniforme da entrambi i lati.

4 Profumate la faraona con le bacche di ginepro e con il rosmarino, la salvia e il timo, tritati, trasferite in forno preriscaldato a 180 °C e fatela cuocere per circa 1 ora, bagnandola ogni tanto con un po' di vino. Una volta cotta, levatela e lasciatela intiepidire. Quindi liberatela dallo spago e servitela a fette, con il suo fondo di cottura filtrato.

FARAONA RIPIENA
CON PERE E MASCARPONE

25 minuti

80 minuti

INGREDIENTI
per 4 persone

- 1 faraona già eviscerata
- 250 g di mascarpone
- 2 coste di sedano
- 1 cipolla
- 2 carote
- 2 pere a polpa soda
- 1 bicchiere di marsala secco
- qualche foglia di salvia
- burro
- brodo di carne
- olio extravergine di oliva
- sale

1 Versate 3-4 cucchiai di olio in una casseruola di coccio. Unite 100 g di burro e mettete sul fuoco. Aggiungete le verdure, mondate e tagliate a pezzi, profumate con qualche foglia di salvia e fate rosolare.

2 Sbucciate le pere, tagliatele a cubetti e saltateli brevemente in una padella antiaderente. Raccogliete il mascarpone in una ciotola, aggiungete i cubetti di pera e lavorate velocemente.

3 Salate la faraona all'interno, farcitela con il ripieno di mascarpone e pere e ricucitela con filo da cucina. Trasferite la faraona nella casseruola con le verdure e fatela rosolare per bene; bagnate con il marsala, regolate di sale e incoperchiate.

4 Fate cuocere a fuoco dolce per 1 ora abbondante, avendo cura di girare la faraona di tanto in tanto e di bagnarla eventualmente con del brodo. Una volta cotta, passate le verdure e il fondo di cottura al setaccio. Servite la faraona con il suo sughetto, eventualmente accompagnandola con patate lesse.

TACCHINA RIPIENA

50 minuti

190 minuti

INGREDIENTI
per 6-8 persone

- 1 tacchina da 3-4 kg già eviscerata
- 300 g di salsiccia
- 150 g di pancetta tesa affettata sottile
- 1 mela a polpa soda
- 1 pera a polpa soda
- 200 g di prugne secche
- 200 g di fichi secchi
- 200 g di albicocche secche
- 100 g di pinoli già pelati
- 100 g di mandorle già pelate
- una decina di ciliegie da mostarda
- qualche foglia di alloro
- qualche bacca di ginepro
- cognac
- brodo vegetale
- olio extravergine di oliva
- sale grosso
- sale e pepe

1 Fate ammollare in acqua tiepida le prugne, le albicocche e i fichi secchi. Poi scolateli, strizzateli e tagliateli a pezzetti. Sbucciate la mela e la pera e tagliate la polpa a dadini. Spellate e sgranate la salsiccia.

2 Scaldate 2-3 cucchiai di olio in una casseruola, unite la salsiccia, le prugne, le albicocche e i fichi, a pezzetti, la dadolata di mela e di pera, metà dei pinoli e delle mandorle, e lasciate insaporire per qualche minuto. Regolate di sale, profumate con una macinata di pepe e fate asciugare il ripieno per circa 10 minuti a fiamma alta. Bagnate con 1/2 bicchiere di cognac e fate sfumare.

3 Fiammeggiate la tacchina per eliminare la peluria, levate i cacchioni delle piume con una pinzetta, lavatela e asciugatela accuratamente. Massaggiatela sia internamente sia esternamente con una miscela di sale grosso e di pepe macinato. Farcitela con il ripieno preparato (tenendone un poco da parte) e ricucitela con filo da cucina.

4 Pestate alcune bacche di ginepro e aromatizzate le fette di pancetta. Avvolgete completamente la tacchina con la pancetta, ungetela con un filo di olio e ponetela in una teglia da forno con le foglie di alloro. Mettete in forno già caldo a 170 °C e fate cuocere per 3 ore, bagnando di tanto in tanto la faraona con un po' di brodo caldo e con il suo fondo di cottura.

5 Con il ripieno tenuto da parte, modellate tante polpettine. Un'ora prima del termine di cottura mettetele nella teglia della faraona, con le ciliegie, i pinoli e le mandorle rimasti. Al termine, levate dal forno, coprite con carta di alluminio e lasciate riposare per circa 10 minuti. Trasferite la tacchina e le polpettine su un piatto di servizio; quindi eliminate il grasso in eccesso dal fondo di cottura. Portate tutto in tavola, con il sughetto a parte.

INSALATA DI CAVOLO
CON MELE YOGURT E UVETTA

20 minuti + riposo

INGREDIENTI
per 8 persone

- 1/2 cavolo cappuccio bianco
- 2 mele granny smith
- 1 manciata di gherigli di noce
- 1 manciata di uvetta
- 2 cucchiai di yogurt greco intero
- 1 cucchiaio di senape di Digione à l'ancienne
- olio extravergine di oliva
- sale e pepe

1 Lavate e tagliate il cavolo a fettine sottilissime. Lavate e sbucciate le mele, eliminate il torsolo e fatele a dadini. Raccogliete in una ciotola capiente la senape, lo yogurt, l'uvetta, ammollata nell'acqua e poi strizzata, i gherigli di noce tritati, e mescolate.

2 Condite con 2 cucchiai di olio e regolate di sale e pepe. Unite il cavolo e le mele, mescolate e fate riposare l'insalata in frigo per circa 1 ora, coperta con un foglio di pellicola trasparente. Trascorso il tempo, portate in tavola e servite.

INSALATA CON MELE
SPECK E NOCI

20 minuti + riposo

5 minuti

INGREDIENTI
per 4 persone

- **4 mele granny smith**
- **50 g di gherigli di noce**
- **1 cespo di lattuga**
- **100 g di speck**
- **2 limoni**
- **50 g di parmigiano**
- **noce moscata**
- **olio extravergine di oliva**
- **sale**

1 Lavate bene le mele, tagliatele a pezzetti con tutta la buccia e immergetele in acqua acidulata con il succo di 1 limone. Preparate una julienne di lattuga e tenete da parte. Tagliate lo speck a listerelle sottili, e passatele in forno per 5 minuti, in modo che diventino croccanti.

2 Distribuite la julienne di lattuga nei piatti individuali, aggiungete i cubetti di mela, conditi con un'emulsione di olio e succo di limone, e lo speck croccante. Terminate con il parmigiano a scagliette, profumate con una grattugiata di noce moscata, portate in tavola e servite.

TORTE...

APPLE PIE

	50 minuti + riposo
	60 minuti

INGREDIENTI
per 6-8 persone

- **1 kg di mele renette**
- **320 g di farina (più farina per infarinare)**
- **200 g di burro**
- **140 g di zucchero**
- **1 limone**
- **1 uovo**
- **latte**
- **cannella in polvere**
- **noce moscata**
- **sale**

1 Setacciate 300 g di farina in una ciotola, aggiungete 150 g di burro ammorbidito, a tocchetti, e un pizzico di sale, e iniziate a impastare. Unite man mano 1/2 dl di acqua ghiacciata e continuate a lavorare fino a ottenere un impasto omogeneo e resistente, non troppo friabile. Dategli forma di palla, avvolgetelo in un foglio di pellicola per alimenti, mettetelo in frigo e lasciatelo riposare per 30 minuti.

2 Preparate il ripieno: sbucciate le mele, eliminate il torsolo e tagliatele a spicchi. Sistemate gli spicchi in un recipiente, aggiungete 100 g di zucchero, la farina rimasta, la scorza grattugiata e il succo del limone, profumate con 1 cucchiaino di cannella e con una grattugiata di noce moscata e mescolate delicatamente.

3 Con un matterello leggermente infarinato stendete poco più della metà dell'impasto sino a ottenere una sfoglia rotonda spessa circa 1/2 cm. Imburrate una tortiera di 25 cm di diametro con i bordi ondulati, infarinatela e foderatela con la sfoglia preparata, ritagliando la pasta in eccesso sui bordi. Farcite con il ripieno preparato, e aggiungete qualche fiocchetto di burro.

4 Stendete la pasta rimasta in un altro cerchio, sistematelo sulla torta per coprire il ripieno e, con l'aiuto dei rebbi di una forchetta, premete i bordi per sigillarli. Con i ritagli di pasta avanzati, modellate delle piccole decorazioni (fiori e foglioline). Applicate le decorazioni sulla superficie della torta, spennellatela con un po' di latte e praticate alcuni piccoli fori con i rebbi di una forchetta.

5 Mettete in forno già caldo a 200 °C e fate cuocere per 20 minuti. Abbassate la temperatura a 180 °C e proseguite la cottura per altri 20 minuti. Diminuite a 170 °C e completate la cottura per 20 minuti ancora. Levate, spennellate l'apple pie con l'uovo, leggermente sbattuto e spolverizzatela con lo zucchero rimasto. Rimettete la torta nel forno spento e lasciatela raffreddare completamente prima di servire.

TORTA DI MELE
E AMARETTI UBRIACA

35 minuti + riposo

50 minuti

INGREDIENTI
per 6-8 persone

- 500 g di mele stark delicious
- 250 g di farina
- 75 g di burro (più burro per lo stampo)
- 75 g di zucchero
- 2 uova
- 1/2 bustina di lievito per dolci
- 2 confezioni di amaretti
- 250 g di crema pasticciera
- marmellata di albicocche
- rum
- sale

1 Lavorate la farina con il burro, lo zucchero, un pizzico di sale, le uova, il lievito e un goccio di rum, fino a ottenere un impasto liscio e omogeneo.

2 Dategli forma di palla, avvolgetelo in un foglio di pellicola trasparente, mettetelo in frigo e lasciatelo riposare per circa 30 minuti. Trascorso il tempo, dividete l'impasto in due parti, una un po' più grande dell'altra. Stendete quella più grande in una sfoglia sottile e foderate una tortiera di 22 cm di diametro già imburrata.

3 Disponete gli amaretti, uno a fianco all'altro, in un piatto dello stesso diametro della tortiera, in modo da coprirlo completamente. Sbriciolate gli amaretti avanzati e tenete da parte. Irrorate gli amaretti nel piatto con un po' di rum e lasciate riposare, in modo che lo assorbano completamente.

4 Stendete uno strato di marmellata sulla base della torta, coprite con gli amaretti imbevuti di rum, disponendoli in modo ordinato. Riempite gli spazi tra un amaretto e l'altro, con gli amaretti sbriciolati. Sbucciate le mele, tagliate la polpa a cubetti piccoli e raccoglieteli in una ciotola capiente. Unite la crema pasticciera e mescolate delicatamente. Quindi versate tutto sullo strato di amaretti nella tortiera.

5 Tirate l'impasto rimasto in una sfoglia sottile e chiudete la torta, sigillando i bordi. Mettete in forno già caldo a 170 °C e fate cuocere per 40-50 minuti. Trascorso il tempo, sfornate e lasciate intiepidire; quindi, sformate e servite.

TORTA SBRISOLONA ALLE MELE

30 minuti	60 minuti

INGREDIENTI
per 8 persone

- **5 mele renette**
- **250 g di farina**
- **150 g di farina di mais macinata molto fine**
- **1 limone**
- **120 g di burro (più burro per la tortiera)**
- **100 g di strutto**
- **180 g di zucchero**
- **2 tuorli**
- **1 bustina di vanillina**
- **150 g di mandorle già pelate**
- **50 g di mandorle non pelate**
- **cannella in polvere**

1 Sbucciate le mele, tagliate la polpa a tocchetti, unite 1 cucchiaio di succo del limone e un pizzico di cannella e mescolate.

2 Tritate le mandorle già pelate. Raccogliete il trito in una ciotola capiente e aggiungete le due farine, il burro, lo strutto, 150 g di zucchero e i tuorli. Profumate con la scorza grattugiata del limone e con la vanillina, e lavorate velocemente tutti gli ingredienti fino a ottenere un composto granuloso.

3 Imburrate una tortiera a cerniera del diametro di 25 cm. Distribuite metà dell'impasto a pioggia cercando di sbriciolarlo con le mani: l'impasto non deve assolutamente essere compattato. Aggiungete i tocchetti di mela, coprite con l'impasto rimasto e guarnite con le mandorle non pelate.

4 Mettete in forno già caldo a 180 °C e fate cuocere per circa 1 ora. A cottura ultimata, togliete dal forno e lasciate raffreddare. Sformate la torta facendo attenzione a non romperla, spolverizzate con lo zucchero rimasto e servite.

CIAMBELLA ROVESCIATA
DI MELE CARAMELLATE

40 minuti

55 minuti

INGREDIENTI
per 6-8 persone

- **6 mele morgenduft**
- **500 g di farina**
- **150 g di burro fuso**
- **200 g di zucchero**
- **1 bustina di lievito per dolci**
- **4 uova**
- **1/2 dl di latte**
- **1/2 limone**

per il caramello
- **150 g di zucchero**
- **1 bicchierino di calvados**
- **burro**

1 Versate lo zucchero per il caramello in una padella. Mettete sul fuoco e fate prendere colore, mescolando con un cucchiaio di legno. Aggiungete una noce di burro e il calvados, e fate caramellare completamente.

2 Sbucciate le mele, eliminate il torsolo e tagliatele tutte in 8 spicchi. Trasferite gli spicchi nella padella con il caramello e fate cuocere per pochi minuti, rigirandoli delicatamente in modo che vengano ricoperti per bene.

3 Raccogliete il burro fuso in una ciotola, unite lo zucchero e montatelo perfettamente con una frusta. Incorporate le uova, uno alla volta, aggiungete la farina e il lievito, setacciati, la scorza grattugiata del 1/2 limone e infine il latte, e lavorate ancora fino a ottenere un impasto omogeneo e ben amalgamato.

4 Disponete gli spicchi di mela caramellati in uno stampo a ciambella di 26 cm di diametro, tutti rivolti nello stesso senso, sovrapponendoli leggermente. Riempite lo stampo con l'impasto, mettete in forno già caldo a 175 °C e fate cuocere per 35-40 minuti.

5 Trascorso il tempo, levate, capovolgete lo stampo su un piatto di servizio o su un'alzatina e sformate subito la ciambella: l'operazione va eseguita a caldo per evitare che il caramello, raffreddandosi, si attacchi allo stampo. Portate in tavola e servite.

TORTA DI CIOCCOLATO CON LE MELE

20 minuti

50 minuti

INGREDIENTI
per 6-8 persone

- **3 mele royal gala**
- **400 g di cioccolato fondente**
- **160 g di burro (più burro per lo stampo)**
- **200 g di farina**
- **260 g di zucchero**
- **6 uova**
- **4 tuorli**
- **panna montata**

1 Fate fondere il cioccolato con il burro a bagnomaria. Montate le uova e i tuorli con lo zucchero, quindi incorporate la fonduta al cioccolato.

2 Imburrate una tortiera di 26 cm di diametro, versate il composto preparato, mettete in forno già caldo a 180 °C e fate cuocere per 10 minuti. Trascorso il tempo, sfornate la torta e, con un cucchiaio, rompete la superficie in più punti.

3 Sbucciate le mele, eliminate il torsolo e tagliatele a fettine sottili. Distribuite le fettine a girandola sulla torta, rimettete in forno e fate cuocere per altri 30 minuti (la torta dovrà rimanere morbida al centro). Sfornate e lasciate raffreddare, quindi sformate la torta e servitela, con a parte un ciuffo di panna montata.

TORTA NERA
ALLE MELE E AMARETTI

Preparazione	20 minuti + riposo
Cottura	110 minuti

INGREDIENTI
per 6-8 persone

- **1,5 kg di mele renette**
- **500 g di amaretti**
- **6 uova**
- **1 l di vino bianco aromatico**
- **200 g di zucchero di canna**
- **100 g di cacao amaro in polvere**
- **gelato fior di panna**

1 Sbucciate le mele e tagliate la polpa a dadini. Raccogliete la dadolata in una casseruola con il vino, mettete sul fuoco e fate cuocere finché la polpa si sarà disfatta e risulterà asciutta. Spegnete la fiamma e lasciate raffreddare.

2 Trasferite la polpa di mele al vino in una ciotola capiente, unite gli amaretti sbriciolati, le uova, lo zucchero di canna e il cacao, e amalgamate.

3 Bagnate e strizzate un foglio di carta forno, foderate uno stampo di 26 cm di diametro e versate il composto. Mettete in forno preriscaldato a 160 °C e fate cuocere per 1 ora e 1/2. Quindi, sfornate e lasciate intiepidire. Al termine, sformate la torta, portatela in tavola e servitela con un po' di gelato fior di panna.

TORTA DI SFOGLIA
CON MELE CARAMELLATE

25 minuti

110 minuti

INGREDIENTI
per 4-6 persone

- **3 mele morgenduft o fuji**
- **2 dischi di pasta sfoglia**
- **450 g di zucchero**
- **6 limoni**
- **5 albumi**
- **1/2 l di latte**
- **40 g di lamelle di mandorla**
- **burro**
- **zucchero a velo**

1 Lavate e affettate finemente i limoni. Raccogliete le fette in una casseruola con 2 dl di acqua, mettete sul fuoco e portate a bollore. Poi, scolatele, rimettetele nella casseruola, sostituite l'acqua e riportate a bollore. Ripetete quest'operazione 3 o 4 volte. L'ultima volta, portate a bollore, aggiungete 300 g di zucchero, mescolate e fate cuocere per circa 20 minuti.

2 Versate il latte in una casseruola e portate a bollore. Montate gli albumi a neve con 100 g di zucchero e qualche goccia di succo di limone. Formate con il composto tante quenelles e sbollentatele per circa 1 minuto nel latte. Giratele con un mestolo forato e scolatele su carta assorbente da cucina.

3 Sbucciate le mele, eliminate il torsolo e tagliatele a tocchetti; fate fondere una noce di burro in una padella, unite i tocchetti, spolverizzateli con lo zucchero rimasto, e fateli saltare a fuoco vivace finché saranno ben caramellati.

4 Foderate una tortiera di 24 cm di diametro con un disco di pasta sfoglia. Distribuite la composta di limoni, quindi le mele caramellate, le quenelles sbollentate e infine le lamelle di mandorla. Stendete il secondo disco di sfoglia su un foglio di carta forno, ritagliate una rete con l'apposito attrezzo, quindi adagiatela sulla base con il ripieno.

5 Mettete in forno preriscaldato a 180 °C e fate cuocere per 50 minuti. Trascorso il tempo, sfornate e lasciate intiepidire. Infine, sformate la torta, spolverizzatela con lo zucchero a velo, portate in tavola e servite.

STRUDEL DI MELE E PERE
ALLA CANNELLA

15 minuti

30 minuti

INGREDIENTI
per 4 persone

- 1 rotolo di pasta fillo
- 2 mele golden delicious
- 2 pere abate
- 50 g di uvetta
- 1 bicchierino di rum
- 80 g di amaretti
- 1/2 limone
- cannella in polvere
- zucchero di canna
- burro

1 Fate ammollare l'uvetta nel rum. Poi scolatela e strizzatela. Sbriciolate gli amaretti e teneteli da parte. Sbucciate le mele e le pere, tagliate la polpa a dadini e raccoglieteli in una ciotola. Unite l'uvetta e gli amaretti, aggiungete 1 cucchiaio di zucchero di canna, profumate con 1 cucchiaino di cannella e mescolate.

2 Stendete l'uno sull'altro tre fogli del rotolo di pasta fillo. Distribuite il composto sulla tripla sfoglia, e arrotolatela per formare lo strudel. Spennellate lo strudel con un po' di burro fuso e spolverizzatelo con altro zucchero di canna.

3 Foderate la placca del forno con un foglio di carta forno, adagiate lo strudel, mettete in forno già caldo a 180 °C e fate cuocere per 30 minuti. Trascorso il tempo, levate e lasciate intiepidire per circa 10 minuti. Portate in tavola e servite.

CROSTATA ALLE PERE
CON CREMA DI RICOTTA

40 minuti + riposo

70 minuti

INGREDIENTI
per 6-8 persone

- **150 g di farina**
- **75 g di burro leggermente salato (più burro per lo stampo)**
- **25 g di farina di mandorle**
- **2 pere abate**
- **100 g di zucchero semolato extrafine**
- **500 g di ricotta di pecora**
- **4 tuorli**
- **1/2 stecca di vaniglia**
- **miele**

vi servono inoltre

- **fagioli secchi**
- **2 stecche di vaniglia (per decorare)**

1 Impastate la farina con il burro freddo tagliato a dadini. Sabbiate leggermente, unite la farina di mandorle e lavorate fino a ottenere un impasto omogeneo ma granuloso. Sempre continuando a lavorare, aggiungete un po' di acqua fredda, per rassodarlo.

2 Stendete l'impasto con il matterello e rivestite uno stampo di 26 cm di diametro con i bordi ondulati, già imburrato. Coprite con un foglio di carta di alluminio e mettete in frigo per 30 minuti. Trascorso il tempo, riempite la base con i fagioli secchi e fate cuocere in forno preriscaldato a 190 °C per 15 minuti. Togliete i fagioli e il foglio, rimettete in forno e portate a termine la cottura per altri 5 minuti. Levate e lasciate raffreddare.

3 Intanto, sbucciate le pere, tagliatele a fettine e raccoglietele in una casseruola con 6 dl di acqua e metà dello zucchero. Mescolate, portate a bollore e proseguite la cottura a fuoco medio per 10 minuti. Scolate le fettine e lasciatele raffreddare.

4 Lavorate la ricotta setacciata con i tuorli e i semi della 1/2 stecca di vaniglia, fino a ottenere una crema. Quindi, incorporate lo zucchero rimasto e 2 cucchiaini di miele.

5 Distribuite la crema nella base della crostata, infornate a 150 °C e fate cuocere per circa 30 minuti. Trascorso il tempo, levate e lasciate raffreddare. Al termine, sformate la crostata dallo stampo, distribuite le fettine di pera sulla superficie, decorate con le stecche di vaniglia, portate in tavola e servite.

...E ALTRE
DOLCEZZE

COTOGNATA

Preparazione	15 minuti
Cottura	40 minuti

INGREDIENTI
per 600 g circa di prodotto

- **1 kg di mele cotogne**
- **zucchero**

1 Lavate e mondate le mele cotogne. Raccoglietele in una pentola capiente, copritele di acqua e portate a ebollizione; quindi, proseguite la cottura finché risulteranno molto tenere. Una volta pronte, scolatele e lasciatele intiepidire. Poi tagliatele a pezzi e passatele al setaccio. Pesate la polpa ottenuta e aggiungete un pari peso di zucchero.

2 Versate la polpa con lo zucchero in una casseruola dal fondo spesso e fate cuocere fino a ottenere un composto abbastanza sodo, mescolando spesso con un cucchiaio di legno per evitare che si attacchi alla pentola.

3 Levate dal fuoco, versate la cotognata su un vassoio, stendetela a uno spessore di almeno 2 cm e lasciatela asciugare per 1 giorno. Trascorso il tempo, tagliate la cotognata a cubetti (o in altre forme che preferite). Passate i cubetti in un po' di zucchero e serviteli. Se li volete conservare, raccoglieteli in un barattolo sterilizzato e riponeteli al riparo dalla luce.

CRUMBLE DI MELE

15 minuti + riposo

45 minuti

INGREDIENTI
per 4 persone

- **4 mele renette**
- **200 g di zucchero di canna**
- **200 g di farina**
- **150 g di burro**
- **chiodi di garofano**
- **cannella in polvere**

1 Sbucciate le mele, eliminate il torsolo e tagliatele a dadini. Raccogliete la dadolata in una casseruola, unite 100 g di zucchero, 1-2 chiodi di garofano e un pizzico di cannella e fateli stufare a fuoco lento per circa 15 minuti. Spegnete e lasciate intiepidire.

2 Amalgamate velocemente la farina con il burro e lo zucchero rimasto. Distribuite la dadolata di mela in 4 tazze monoporzione (che possano andare in forno) leggermente imburrate, e ricoprite con il composto di farina, burro e zucchero.

3 Mettete in forno già caldo a 170 °C e fate cuocere per circa 30 minuti, fino a completa doratura. Trascorso il tempo, levate e portate in tavola.

FRITTELLE DI MELE

15 minuti + riposo

10 minuti

INGREDIENTI
per 6-8 persone

- 2-3 mele granny smith
- 500 g di farina
- 1/2 l di latte
- 4 tuorli
- 20 g di lievito di birra
- kirsch o cognac
- olio di semi di arachide
- zucchero a velo
- cannella in polvere

1 Raccogliete in una ciotola la farina, il latte, diluito con un goccio di acqua, i tuorli, una spruzzatina di kirsch o di cognac e il lievito di birra, e lavorate con una frusta, fino a ottenere una pastella perfettamente liscia e semiliquida. Coprite con un canovaccio, e lasciate riposare per 2-3 ore in un luogo tiepido.

2 Lavate le mele, eliminate il torsolo con il levatorsoli, tagliatele a rondelle abbastanza sottili e passatele nella pastella.

3 Scaldate abbondante olio di semi di arachide in una padella larga e friggete le rondelle impastellate. Man mano che sono pronte, scolatele su un foglio di carta assorbente da cucina. Al termine, spolverizzatele con lo zucchero a velo e con un pizzico di cannella, e servitele.

FRITTELLE DI PERE
UVETTA E PINOLI

25 minuti + riposo

10 minuti

INGREDIENTI
per 4 persone

- 3 pere abate
- 80 g di uvetta già ammollata
- 80 g di pinoli già pelati
- 3 dl di latte
- 25 g di lievito di birra
- 500 g di farina
- 80 g di zucchero
- 1 limone
- 3 uova
- grappa
- olio di semi di arachide
- zucchero a velo
- sale

1 Stemperate il lievito nel latte tiepido. Setacciate la farina e raccoglietela in una ciotola con lo zucchero, la scorza grattugiata del limone e un pizzico di sale. Unite le uova, uno alla volta, lavorando con una frusta.

2 Diluite con il latte e continuate a lavorare sino a ottenere una pastella perfettamente liscia. Coprite con un canovaccio e lasciate riposare per circa 1 ora. Sbucciate le pere, tagliatele a cubetti e aggiungeteli alla pastella. Unite l'uvetta, strizzata, e i pinoli, profumate con 4 cucchiai di grappa, mescolate e lasciate riposare per altri 20 minuti.

3 Scaldate abbondante olio di semi in una padella e friggetevi il composto, a cucchiaiate. Man mano che le frittelle sono pronte, scolatele su carta assorbente da cucina. Al termine, spolverizzatele con un po' di zucchero a velo e servitele.

FAGOTTINI DI MELE
E MANDORLE CON SALSA AL CALVADOS

20 minuti

25 minuti

INGREDIENTI per 6-8 persone

- **2 mele annurca**
- **1 rotolo di pasta fillo**
- **300 g di crema pasticciera**
- **100 g mandorle già pelate e tritate**
- **lamelle di mandorla**
- **calvados**
- **burro**

per la salsa al calvados

- **3,5 dl di panna**
- **100 g di zucchero**
- **3 tuorli**
- **1 stecca di vaniglia**
- **sale**
- **calvados**

1 Lavate le mele, tagliatele a metà ed eliminate il torsolo. Riducetele a cubetti e raccoglieteli in una ciotola capiente. Aggiungete la crema pasticciera e le mandorle e profumate con una spruzzata di calvados.

2 Spennellate ogni foglio di pasta fillo con il burro fuso e sovrapponeteli a due a due. Ritagliate ogni doppia sfoglia in quadrati di 15 cm di lato, farciteli con il composto e chiudeteli a fagottino. Disponete i fagottini in una teglia foderata con carta forno, mettete in forno già caldo a 180 °C e fate cuocere per 15-20 minuti circa.

3 Intanto, preparate la salsa. Scaldate la panna a fuoco dolce in una casseruola con metà zucchero e i semi della stecca di vaniglia. Lavorate i tuorli con lo zucchero rimasto e un pizzico di sale.

4 Incorporate la panna calda, mettete sul fuoco e scaldate fino alla temperatura di 85 °C. Filtrate, profumate con 1 bicchierino di calvados e mescolate. Sfornate i fagottini e serviteli con la salsa al cavados, decorati con qualche lamella di mandorla.

MELE MORGENDUFT
IN SFOGLIA

25 minuti

30 minuti

INGREDIENTI
per 4 persone

- **4 mele morgenduft**
- **1 confezione di pasta sfoglia**
- **4 zollette di zucchero di canna**
- **60 g di gherigli di noce già tritati**
- **1 uovo**
- **cannella in polvere**
- **burro**
- **zucchero a velo**

1 Sbucciate le mele, estraete il torsolo con il levatorsoli e farcitele con 1 zolletta di zucchero, un pizzico di cannella, una noce di burro e qualche gheriglio di noce tritato.

2 Stendete la pasta sfoglia con il matterello e con l'aiuto di una rotella dividetela in quattro quadrati di dimensioni sufficienti a racchiudere una mela. Disponete la mela farcita al centro di ogni quadrato e ripiegate gli angoli della sfoglia formando uno scrigno.

3 Sigillate gli angoli di giuntura al centro e spennellate la superficie con l'uovo leggermente sbattuto. Disponete le mele su una teglia foderata con carta forno, mettete in forno già caldo a 200 °C e fate cuocere per circa 30 minuti. Levate, spolverizzate con un po' di zucchero a velo e servite.

MELINE AL CARTOCCIO

20 minuti + riposso

20 minuti

INGREDIENTI
per 6 persone

- **10-12 mele gala**
- **50 g di uvetta**
- **50 g di pinoli già pelati**
- **zucchero di canna**
- **cannella in polvere**

1 Lavate e asciugate le mele, estraete il torsolo con il levatorsoli e farcitele con un po' di uvetta, di pinoli, un pizzico di zucchero e uno di cannella.

2 Avvolgete ogni mela in un foglio di carta di alluminio, sistemate i cortocci sotto la cenere calda del camino e fate cuocere finché, facendo una leggera pressione, le sentirete morbide. A quel punto, levatele e servitele

PERE E MASCARPONE

30 minuti + riposso

15 minuti

INGREDIENTI
per 8 persone

- 8 pere abate
- 40 g di zucchero
- 300 g di mascarpone
- 80 g di zucchero a velo
- 2 bicchieri di grappa alla pera
- 1 stecca di vaniglia

1 Lavate e asciugate le pere. Tagliatele sottilmente in senso orizzontale. Foderate una teglia con un foglio di carta forno, bagnato e strizzato, e disponete le pere, spolverizzandole con un po' di zucchero. Fate cuocere in forno preriscaldato a 180 °C, fino a che non saranno dorate. Sfornate e lasciate raffreddare.

2 Lavorate il mascarpone con una frusta; aggiungete lo zucchero a velo, la grappa e i semi della stecca di vaniglia e lavorate ancora fino a ottenere una crema. Coprite con pellicola trasparente e mettete in frigo per circa 20 minuti. Poco prima di servire ricostruite ogni pera su un piattino da dessert, alternando strati di 3 fette di pera a strati di crema.

MELE & PERE
DALLA A ALLA Z

MELE & PERE
A cura di
Alice Cucina

REDAZIONE
via Tiburtina 924, 00156 Roma
staff.alicemagazine@ltmultimedia.tv
DIRETTORE RESPONSABILE
Valter La Tona
VICEDIRETTORE
Giulia Macrì - giulia.macri@ltmultimedia.tv
CAPOREDATTORE
Francesco Monteforte Bianchi
francesco.monteforte@ltmultimedia.tv
REDAZIONE
Emanuela Bianconi - emanuela.bianconi@ltmultimedia.tv
SEGRETERIA DI REDAZIONE
Luisa Sbroscia - luisa.sbroscia@ltmultimedia.tv
REVISIONE TESTI
Fabio Caldarelli
IMPAGINAZIONE
Alessia Carrozzi
FOTOGRAFIE
E. Andreini, M. Avalos Flores, C. Bellasio, I. Beretta, F.Brambilla,
La cucina di Calycanthus, C. Gargioni, M. Ravasini, S. Scicchitano, S. Serrani
RICETTE DI
M. Bacherini, M. Bianchessi, F. Carrara, S. Fagioli, V. Gigli,
C. Lunardini, L. Messeri, G. Nosari, D. Persegani, M. Poggi

SITCOM EDITORE srl
Società controllata da LT Multimedia srl
LT MULTIMEDIA srl
via Tiburtina 924, 00156 Roma
sitcomeditore@ltmultimedia.tv - www.sitcomeditore.tv

STAMPA
Tipolitografia Trullo
Via Ardeatina, 2479 - 00134 Roma
Tel. +39 06 71304048 - Fax. +39 06 71302758
p.magnaghi@tipolitografiatrullo.it
www.tipolitografiatrullo.it

ISBN: 978-88-6107-139-1

Nella stessa collana:

le Conserve

la Pizza

il Cioccolato

la Pasta all'Uovo

i Menu di Natale

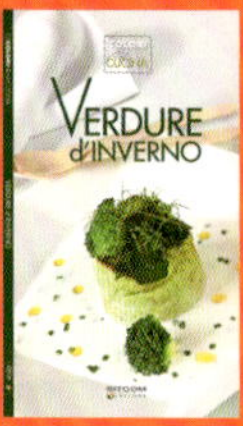

Verdure d'inverno

Fritti & Frittelle

Spaghetti & Co.

Frittate & Omelette

Verdure di primavera

Mousse, terrine e pâté

Gelati e sorbetti

il Pesce azzurro

il Pollo

i Risotti

le Patate

i Menu delle Feste

Dolci al cucchiaio

Fritti golosi

Muffin & Plumcake

le Uova

Sfoglia frolla e brisée

Bimbi è pronto!

Insalate Gourmand

Pasta e riso dell'estate

Tiramisù e semifreddi

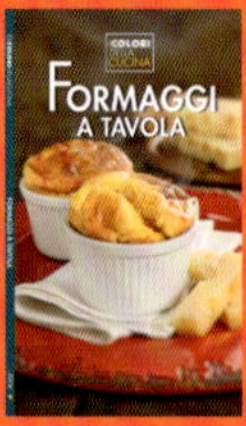

Formaggi a tavola

Finito di stampare settembre 2012